PÉTITION

A MM. LES DÉPUTÉS,

SUR

LES EXCÈS DU JOURNALISME,

Par Eugène **PANOLA**.

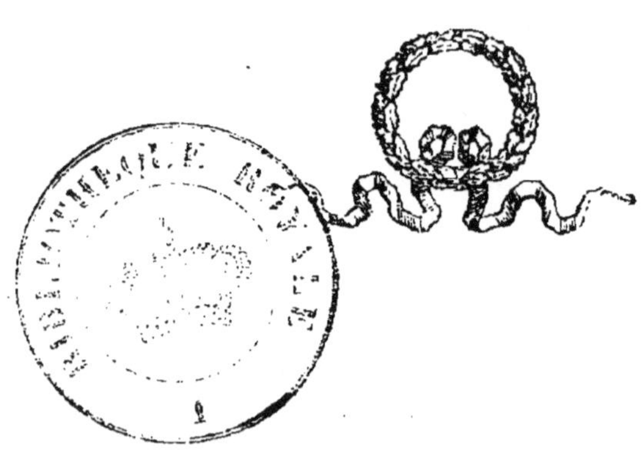

Paris,

G. PISSIN, PLACE DU PALAIS-DE-JUSTICE, 1.

1839.

A MM. LES MEMBRES DE LA CHAMBRE DES DÉPUTÉS.

Messieurs les Députés,

Je vous demande la permission d'interrompre un instant vos grands travaux pour appeler votre attention sur un sujet que j'en crois très digne.

La liberté de la presse est sans contredit une des plus grandes et des plus utiles conquêtes de notre siècle; cependant, comme toutes les institutions humaines, ses avantages sont mêlés de beaucoup d'inconvéniens. Par la nature même des choses, les journaux se trouvent les maîtres à peu près absolus de l'opinion publique. Ayant la faculté de dire et de répéter tous les jours la même chose sans jamais être contredits, ils finissent toujours par inspirer à la nation leurs idées, leurs sympathies, leurs répugnances et leurs passions. Uniques dispensateurs de la gloire et de la honte, ils appellent à leur gré la haine ou l'admiration publique sur tous ceux qui leur plaisent ou leur déplaisent. Il n'y a pas d'homme, quelque médiocre, quelque obscur qu'il soit, qui ne devienne un prodige dès que cela plaît aux cinquante despotes qui dominent l'opinion publique. Au contraire, il n'y a pas de renommée, si bien établie qu'elle soit, qui puisse résister aux attaques incessantes dont ils la poursuivent aussitôt que leurs passions ou leurs intérêts l'exigent. Eux-mêmes se vantent hautement de former en France un quatrième pouvoir politique, supérieur à tous les autres.

Cette situation est très grave et digne d'attirer l'attention de tous les hommes d'état. Beaucoup d'excellens esprits s'en sont occupés, mais seulement pour gémir sur les funestes conséquences qui pouvaient en résulter, sans que personne ait jamais indiqué le moyen de les prévenir. Jusqu'ici, on n'a tenté de remédier aux inconvéniens de la liberté de la presse que par des lois répressives plus ou moins sévères. L'expérience a suffisamment prouvé qu'elles étaient complètement insuffisantes ; et la raison en est fort simple. Les lois répressives ne peuvent punir que les délits pour ainsi dire matériels, tels qu'un appel à l'insurrection, une injure palpable à la majesté royale, un faux évident, une calomnie grossière. Or, ces crimes sont loin d'être les seuls dangereux, et d'ailleurs, ce n'est presque jamais par là que les journaux commencent; ils n'y ont recours que lorsqu'ils ont préparé tous les moyens d'en rendre la réussite certaine. Ils s'attachent

d'abord à présenter les agens du gouvernement comme
incapables et de mauvaise foi, comme se laissant conduire
par des passions haineuses et intéressées. Et pour le prouver,
ils cachent ce qu'ils font de bien ; ils amplifient les erreurs
inévitables dans lesquelles ils peuvent tomber ; ils déna-
turent leurs projets et leurs intentions ; ils prennent des
lambeaux de phrase, des fragmens de discours, et ils en
forment un composé monstrueux qu'ils livrent à la risée
publique. Vous-mêmes, Législateurs ; vous, honorés du plus
beau mandat qu'on puisse recevoir chez un peuple libre,
vous ne pouvez vous faire connaître à vos concitoyens tels
que vous êtes, qu'autant que cela plaît aux journaux. Si
vous n'épousez pas toutes leurs rancunes et toutes leurs passions, si vous voulez résister une seule fois aux ordres in-
solens qu'ils vous dictent sans cesse, vous êtes aussitôt
assaillis par un torrent d'injures et de calomnies ; vos discours, vos actions, vos projets n'arrivent à la connaissance
de la France que tronqués et défigurés par la plus insigne
malveillance.

Comme on ne peut se former une opinion sur un sujet
quelconque que d'après ce qu'on en sait, la masse du public
doit nécessairement finir par être de l'avis des journaux,
puisqu'elle ne connaît des affaires politiques que ce qu'ils
veulent bien lui en apprendre. S'ils disent que le pouvoir
est inepte, dilapidateur, despote, et qu'ils le prouvent, tant
bien que mal, en dénaturant ses actions, en les interprétant
malignement, le public croira bientôt que le pouvoir est
inepte, dilapidateur et despote ; car il est impossible qu'il en
soit autrement, puisqu'il n'a rien appris qui lui prouve le
contraire.

Lorsque les journaux ont ainsi détruit toute la confiance

qu'on peut avoir dans le gouvernement, lorsqu'ils sont par-
venus à faire croire que tous ceux qui le soutiennent ne
sont que des instrumens dirigés par l'intérêt ou la crainte,
lorsque la méfiance et la haine germent dans tous les cœurs,
alors ils en viennent aux attaques violentes et grossières qui
seules peuvent être atteintes par les lois ; et, si le gouvernement veut les traduire en cour d'assises, il arrive que les
jurés, gagnés par les sophismes des journaux, ou effrayés
par leurs menaces, les absolvent scandaleusement malgré
l'évidence de leurs attaques ; ou que, s'ils les condamnent,
le public, déjà prévenu, considère les journaux comme
des martyrs de la vérité, et les jurés comme des bourreaux
gagnés par le gouvernement.

Ainsi, tant que le pouvoir est fort, tant qu'il possède la
confiance publique, les journaux ne l'attaquent que d'une
manière assez modérée. Ce n'est pas par des attaques grossières qu'ils préludent ; ils s'attachent d'abord à lui enlever
la confiance publique par des critiques de détail ; ils émet-
tent des doutes, des insinuations perfides ; ils cachent le
bien ; ils supposent, ils amplifient le mal ; ils s'attachent à mettre ses principes et ses actes en opposition
avec les préjugés du public ; ils le raillent, le plaisantent,
le tournent en ridicule. Si le commerce éprouve quelque
crise, ils ne manquent pas d'en attribuer la cause au gouvernement. Si les Russes, les Anglais, ou autres, obtiennent
quelque avantage, sur terre ou sur mer, militaire ou com-
mercial, ils se lamentent aussitôt sur le prétendu abaisse-
ment de la France et sur l'ignorance de son gouvernement
qui n'a pas su en obtenir autant. Toutes ces menées, re-
marquez-le bien, Messieurs, sont insaisissables par les lois,
et d'ailleurs le pouvoir les méprise tant qu'il se sent fort.

Les attaques des journaux contre le gouvernement deviennent plus vives et plus grossières à mesure qu'ils s'aperçoivent que la confiance du public diminue. Bientôt ils ne ménagent plus rien : tout ce que la passion a de plus acre et de plus violent, ils l'emploient pour achever de terrasser des hommes déjà chancelans. Le pouvoir, qui comprend enfin le danger de sa position, veut y remédier en frappant les journaux ; mais il est trop tard ; ses coups retombent sur lui-même et ne font qu'accélérer sa chûte.

Les lois répressives sont donc à peine suffisantes pour punir les attaques trop directes et trop violentes, les injures grossières, les calomnies évidentes ; mais quelque minutieuses et quelque sévères qu'elles soient, elles ne peuvent ni prévoir ni punir les mille petites attaques journalières devant lesquelles un pouvoir doit finir par succomber, parce que leur effet destructeur, quoique lent, n'en est pas moins infaillible.

Qu'on ne dise pas que le pouvoir a des journaux pour se faire connaître et se défendre contre les mensonges et les calomnies : j'observerai que les journaux ministériels ne sont lus en général que par des personnes qui ne lisent pas les journaux de l'opposition ; de manière que la nation se trouve partagée en deux parties, dont l'une ne connaît que l'attaque et dont l'autre ne connaît que la défense ; et, comme le caractère bien connu de la nation française est assez porté à la critique et à la raillerie, les lecteurs des journaux de l'opposition sont toujours bien plus nombreux que ceux des journaux du gouvernement : de sorte que pendant que la critique s'adresse à la plus grande partie de la nation, la défense n'est écoutée que par une faible partie *différente de la première*. N'en doutez pas, Messieurs ; c'est là la principale, sinon l'unique cause de l'instabilité du pouvoir en France.

Les journaux ministériels, pas plus que les lois répressives, ne sauraient donc protéger le gouvernement et la morale publique contre les abus de la liberté de la presse.

Dans une brochure, imprimée l'année dernière, que j'ai eu l'honneur d'adresser à chacun de vous, j'ai fait connaître un nouveau moyen de réprimer les excès de la presse, qui aurait tous les avantages désirables, sans avoir aucun des inconvéniens de la censure ou des lois répressives. Je vous demande la permission de vous exposer mon plan d'une manière sommaire en vous priant d'en réaliser le principe par une loi :

« 1ª Les droits de timbre et de port que les journaux
» paient seraient supprimés à condition que le gouverne-
» ment deviendrait possesseur d'une portion des colonnes
» des journaux équivalente à l'impôt dont on les décharge-
» rait. Cette évaluation devrait être faite d'une manière
» assez large pour éviter toute espèce de réclamation de
» ce côté.

» 2° Les journaux ministériels seraient abandonnés. On
» formerait une sorte de magistrature composée d'hommes
» spéciaux dans tous les genres pour surveiller continuelle-
» ment les journaux de l'opposition. Ils feraient des articles
» pour remplir toutes les colonnes des journaux qui appar-
» tiendraient au gouvernement. Analogues aux procureurs
» généraux de nos Cours royales qui sont chargés de pro-
» téger la société contre tous les désordres matériels, les
» magistrats, dont je parle, seraient chargés de surveiller
» les journaux et de protéger la société contre tous les
» désordres moraux qu'ils tenteraient d'y introduire. »

L'organisation que je propose est non seulement tolérée, mais impérieusement réclamée par la justice et la raison. En effet, les crimes matériels, tels que les vols, les assassinats, etc., peuvent être facilement prévus et punis par des lois.

Les calomnies évidentes, les injures grossières, peuvent également être prévues et punies; mais dans l'état actuel de nos mœurs, il est absolument impossible de prévoir et de punir une erreur, une idée, un principe, une raillerie, s'ils sont émis d'une manière décente, quoiqu'ils puissent être très dangereux. Le seul préservatif qu'il y ait, c'est de s'emparer de ces idées, de ces principes, de ces erreurs, et d'en démontrer la fausseté à tous ceux qui seraient exposés à s'en laisser séduire. Le gouvernement n'a donc pas d'autre moyen que de s'introduire dans les journaux même de l'opposition et de mettre le contre-poison à côté du poison.

Par la disposition que je propose, on obtiendrait une foule d'avantages très importans : les journaux ne pourraient plus ni se tromper ni tromper les autres, puisqu'il y aurait des hommes de talent dont l'unique fonction serait de redresser les erreurs dans lesquelles ils pourraient tomber sciemment ou innocemment. Toutes les vérités favorables à l'ordre seraient toujours connues ; les discussions des journaux sur les affaires politiques seraient sincères et complètes, parce qu'on aurait soin d'appeler l'attention publique sur les points qu'ils auraient négligés, sur les erreurs qu'ils auraient pu commettre. En un mot, les hommes, les choses et les faits seraient appréciés à leur juste valeur, sans qu'il fût possible de les altérer. Les choses ne se passeraient plus comme aujourd'hui, où le public est appelé à prononcer des jugemens sur des pièces tout-à-fait incomplètes et méchamment falsifiées.

Si la nation était imbue de quelque préjugé mal fondé, le gouvernement aurait la faculté de l'éclairer peu à peu sans avoir à craindre que ses intentions fussent méconnues ou altérées, puisqu'il aurait une action *continuelle* et *universelle* sur l'opinion publique.

La liberté de la presse resterait cependant intacte (et c'est là un des grands avantages de mon système); chacun conserverait, comme devant, le droit de faire imprimer ce qu'il voudrait; mais les idées désorganisatrices ne seraient pas les seules qui pourraient se propager. La justice, la morale, la raison et tous les grands principes conservateurs des sociétés auraient des avocats fermes et éloquens, dont la voix se répandrait partout, se ferait écouter partout; tandis qu'avec le système des journaux salariés, les défenseurs de l'ordre et de la morale publique ne parlent que pour un petit nombre d'amis; pendant que les idées désorganisatrices se répandent de tous côtés comme un torrent dévastateur.

Dans la brochure que je publiai l'année dernière, je disais que le gouvernement pourrait essayer mon système en se servant des lois de septembre qui lui donnent le droit de forcer les journaux d'insérer tout ce qu'il leur présente. Il paraît qu'on a aujourd'hui l'intention d'exécuter cette partie de mon projet, au moins en de certaines limites ; je m'en félicite beaucoup ; cependant je ne puis considérer cet essai que comme une préparation à l'organisation large et imposante que je demande. La presse doit être réorganisée sur des bases entièrement nouvelles. Le temps et l'expérience prouveront suffisamment qu'il n'est possible de se garantir des excès des journaux qu'en s'emparant d'une partie de leurs colonnes, et en les remplissant *tous* les jours avec des articles destinés à réfuter au fur et à mesure tout ce qu'ils pourraient contenir d'inexact ou de malveillant. On pourra mettre mon système à exécution en le modifiant plus ou moins, mais il faudra qu'on en adopte le principe ; il faudra qu'on en vienne à réfuter les journaux dans leurs propres colonnes, et cela *tous* les jours sans leur laisser un seul moment de relâche.

Le salut de l'ordre et de la société n'est que là.

Eugène **PANOLA.**

Paris, 15 *Juin* 1839.

La pétition qu'on vient de lire n'est que le résumé d'une brochure que je publiai vers la fin de l'année dernière. Lorsque je voulus faire connaître mon plan, j'éprouvai beaucoup de difficultés pour trouver un éditeur qui voulût le publier, quoique je voulusse supporter tous les frais. Douze ou quatorze refusèrent de s'en charger par la crainte que les journaux leur inspiraient.

Ce seul fait peut donner une idée de l'état de la liberté de la presse en France et de l'insolent despotisme que les journaux exercent.

Un des argumens sur lequel j'insistais le plus pour appuyer mon projet, c'est que les journaux de l'opposition attaquant sans cesse les actes et les agens du gouvernement, faisant pour ainsi dire les fonctions d'accusateurs publics en présence d'hommes qui devaient juger plus tard ces actes et ces agens dans les diverses espèces d'élections, il était de toute justice que ces fonctionnaires, *journellement* attaqués, pussent se défendre *journellement* aussi *devant* ceux qui entendaient l'accusation.

Dans un débat quelconque, politique ou judiciaire, quand même l'attaque serait décente et modérée, quand même l'accusateur serait dépouillé de passions haineuses et intéressées, il n'en serait pas moins indispensable que l'accusé eût le droit de donner des explications, de se défendre *en présence* de ceux qui auraient entendu l'accusation, surtout s'ils devaient le juger. Ainsi, par exemple, dans les délits communs qui se jugent en police correctionnelle ou en cour d'assises, il est clair que les accusateurs publics sont parfaitement désintéressés, et qu'ils ne sont animés que de l'amour de la justice et de la vérité. Cependant, par cela seul qu'ils sont accusateurs, ils sont disposés à exagérer les circonstances défavorables à l'accusé et à atténuer celles qui lui sont favorables; de telle sorte que si l'accusé n'avait pas de défenseur, il y aurait à craindre qu'il ne fût quelquefois injustement condamné; et si quelqu'un proposait de laisser subsister les accusateurs publics et de supprimer les défenseurs, la langue n'aurait pas assez de termes pour exprimer l'indignation qu'on éprouverait. Cependant les circonstences seraient plus favorables à la découverte de la vérité dans l'hypothèse de la suppression des défenseurs qu'elles ne le sont en politique dans l'état actuel de la presse. Devant les tribunaux ou les cours d'assises, les juges ou les jurés peuvent acquérir, *par eux-*

mêmes, une pleine connaissance de la vérité, pour peu qu'ils soient intelligens. On leur fait connaître dans le plus grand détail tous les faits de la cause, tant favorables que défavorables. Ils entendent tous les témoins à charge et à décharge ainsi que les débats qui ont lieu entre eux et l'accusé; de sorte qu'ils peuvent se former une opinion exacte, tout-à-fait indépendante de ce que dira l'accusateur public; et l'éloquence de celui-ci ne peut avoir d'autre résultat que d'entraîner de temps en temps quelques esprits médiocres et indécis. Néanmoins cela suffit pour faire conserver l'usage des défenseurs afin de maintenir l'égalité entre l'attaque et la défense.

C'est bien autre chose dans les jugemens politiques que les citoyens prononcent dans les diverses espèces d'élections: les juges ne connaissent personnellement aucun fait de la cause; ils n'entendent aucun témoin; ils ne connaissent le plus souvent les accusés que par les accusations exagérées qui ont été portées contre eux par leurs plus mortels ennemis. Les accusateurs publics, c'est-à-dire les journaux, sont animés par les passions les plus haineuses et les plus intéressées. Maîtres absolus de cacher ou de faire connaître ce qu'ils veulent, ils établissent leurs accusations avec la plus noire perfidie. Attentifs à cacher ce qui peut être favorable à leurs ennemis, ils s'étendent avec une infatigable constance sur tout ce qui peut leur nuire. La raillerie, l'injure, les perfides insinuations, les calomnies, tous les moyens enfin que la haine et l'envie peuvent suggérer, sont employés pour exciter les passions et les préjugés des juges, et cela tous les jours, pendant des années entières, sans jamais leur faire entendre un seul mot favorable. Je le demande à tout homme impartial : est-il possible de prononcer des jugemens équitables en de telles circonstances? Et n'y a-t-il pas de quoi frémir lorsqu'on pense que les intérêts les plus chers, du présent et de l'avenir, dépendent de ces jugemens; qu'ils peuvent produire la paix ou la guerre, l'ordre ou l'anarchie, la prospérité ou la ruine de la France!

Dans les républiques anciennes, les affaires les plus importantes se traitant sur la place publique en présence du peuple assemblé, les orateurs anarchiques y trouvaient sans doute de très puissans moyens d'exciter les passions ou la colère du peuple; mais au moins leurs adversaires pouvaient leur répliquer sur-le-champ; et, en faisant entendre la voix de la raison au peuple égaré, ils pouvaient espérer de le ramener à des sentimens de justice et de paix. Mais en France, dans l'état actuel de la presse périodique, aucune espérance de ce genre n'est permise. Les journaux anarchiques répandent les principes les plus subversifs, les mensonges les plus malveillans, jusqu'au fond des campagnes les plus reculées, sans qu'il soit possible d'en prévenir les funestes conséquences.

C'est pour faire cesser cette énorme différence en faveur du mensonge et des principes subversifs, c'est pour établir l'égalité entre l'attaque et la défense, que j'ai proposé le plan de réorganisation de la presse contenu dans ma première brochure, et que je prends la liberté d'adresser aujourd'hui une pétition à la chambre des députés. Mon projet se distingue de tous ceux qui ont été proposés pour réprimer les excès des journaux, en ce qu'il n'établit aucune nouvelle peine, et qu'il ne gêne en rien la liberté de la presse. Néanmoins je le crois supérieur à tout autre. Les lois répressives ne peuvent arrêter que les excès outrés de la presse, mais elles sont complètement insuffisantes pour réprimer les effets des mensonges, des sophismes déclamatoires, des récriminations exagérées, *qui sont plus pernicieux* peut-être que les excitations à la révolte ; parce qu'après tout, il y a presque toujours assez de bon sens chez la plupart des hommes pour les empêcher de prendre les armes, tandis que fort peu savent se préserver d'un mensonge ou d'un sophisme adroitement présenté. Le seul moyen de prévenir les mauvais effets d'un mensonge, d'un sophisme, ou d'un principe subversif, c'est de s'en emparer *sur-le-champ*, de les combattre avec les armes de la raison, et d'en prouver la fausseté *à ceux* qu'on veut égarer avant qu'ils aient pu s'en laisser séduire. Les journaux ministériels, je le répète pour la dernière fois, ne peuvent, en aucune façon, procurer ces avantages ; bons, tout au plus, pour flatter l'orgueil et la vanité de ceux qui les paient, ils sont complètement incapables d'arrêter les effets désorganisateurs de la presse opposante. Ce ne sont, à mon avis, que des claqueurs inutiles qu'il faut se hâter de mettre à la porte.

Eugène PANOLA.

LOTTIN DE SAINT-GERMAIN, Imp., rue de Nazareth, 1. — Paris, 1839.